Índice

Rourke
Educational Media
rourkeeducationalmedia.com

¿Puedes encontrar estas palabras?

diferentes

familias

personas

sentimientos

Parecidas y diferentes

personas

Las **personas** son parecidas.
También son **diferentes**.

Las personas tienen casas.

casas

Pero no todas son iguales.

ojos

Las personas tienen ojos.

Pero no todos son iguales.

Las personas tienen **familias.**

familias

Pero no todas son iguales.

9

Las personas tienen **sentimientos**.

Pero no todos son iguales.

Las personas tienen amigos.

Pero no todos son iguales.

¿Encontraste estas palabras?

También son **diferentes**.

Las personas tienen **familias**.

Las **personas** son parecidas.

Las personas tienen **sentimientos**.

Glosario fotográfico

 **diferente:** cuando algo o alguien es diferente, no es igual.

 **familias:** las familias son personas que están relacionadas entre sí.

 **personas:** las personas son seres humanos.

 **sentimientos:** los sentimientos son los pensamientos o emociones que tienes.

Índice analítico

Sobre el autor

A Pete Jenkins le gusta ser diferente. Le gusta escribir libros sobre todo tipo de cosas. No le gusta ser como todos los demás. Le gusta saber que es especial.

© 2019 Rourke Educational Media

www.rourkeeducationalmedia.com

PHOTO CREDITS: Cover: ©sswartz; p.2,3: ©Rawpixel Ltd; p.2,9,14,15: ©RonTech2000; p.2,10-11,14,15: ©EvgeniiAnd; p.2,6-7,14,15: ©karelnoppe; p.4-5: ©Meinzahn; p.8: ©Jaren Wicklund

Edición: Keli Sipperley
Diseño de la tapa e interior: Rhea Magaro-Wallace
Traducción: Santiago Ochoa
Edición en español: Base Tres

Library of Congress PCN Data
Parecidas y diferentes / Pete Jenkins
(Mi mundo)
ISBN (hard cover - spanish)(alk. paper) 978-1-64156-921-7
ISBN (soft cover - spanish) 978-1-64156-945-3
ISBN (e-Book - spanish) 978-1-64156-969-9
ISBN (hard cover - english)(alk. paper) 978-1-64156-198-3
ISBN (soft cover - english) 978-1-64156-254-6
ISBN (e-Book - english) 978-1-64156-303-1
Library of Congress Control Number: 2018955946

Printed in the United States of America, North Mankato, Minnesota